Impressum
Verlag: BABADADA GmbH, Nedderfeld 112 , 22529 Hamburg
Geschäftsführer / Verlagsleitung: Harald Hof
Druck: Books on Demand GmbH, In de Tarpen 42, 22848 Norderstedt

Imprint
Publisher: BABADADA GmbH, Nedderfeld 112 , 22529 Hamburg, Germany
Managing Director / Publishing direction: Harald Hof
Print: Books on Demand GmbH, In de Tarpen 42, 22848 Norderstedt

學校
la escuela

除
dividir

`186/2`

教室
el salón de clases

黑板
el pizarrón

校園
el patio

老師
el maestro

紙
el papel

書寫
escribir

筆
el bolígrafo

辦公桌
el escritorio

直尺
la regla

書
el libro

學生
el alumno

書包

la mochila

鉛筆盒

la caja de lápices

鉛筆

el lápiz

削鉛筆機

el sacapuntas

橡皮擦

la goma de borrar

畫板

el bloc de dibujo

圖畫

el dibujo

畫筆

el pincel

顏料盒

la caja de lápices de color

剪刀

las tijeras

膠水

el pegamento

練習冊

el l bro de ejercicios

家庭作業

la tarea

數字

el número

加

sumar

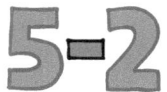

減

restar

乘

multiplicar

計算

calcular

字母

la letra

字母表

el alfabeto

字

la palabra

課文
el texto

讀
leer

粉筆
la tiza

上課
la lección

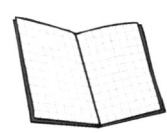

登記
el cuaderno de clase

考試
el examen

證書
el certificado

校服
el uniforme

教育
la educación

百科全書
la enciclopedia

大學
la universidad

顯微鏡
el microscopio

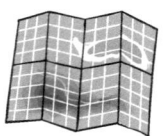

地圖
el mapa

廢紙簍
el bote de basura

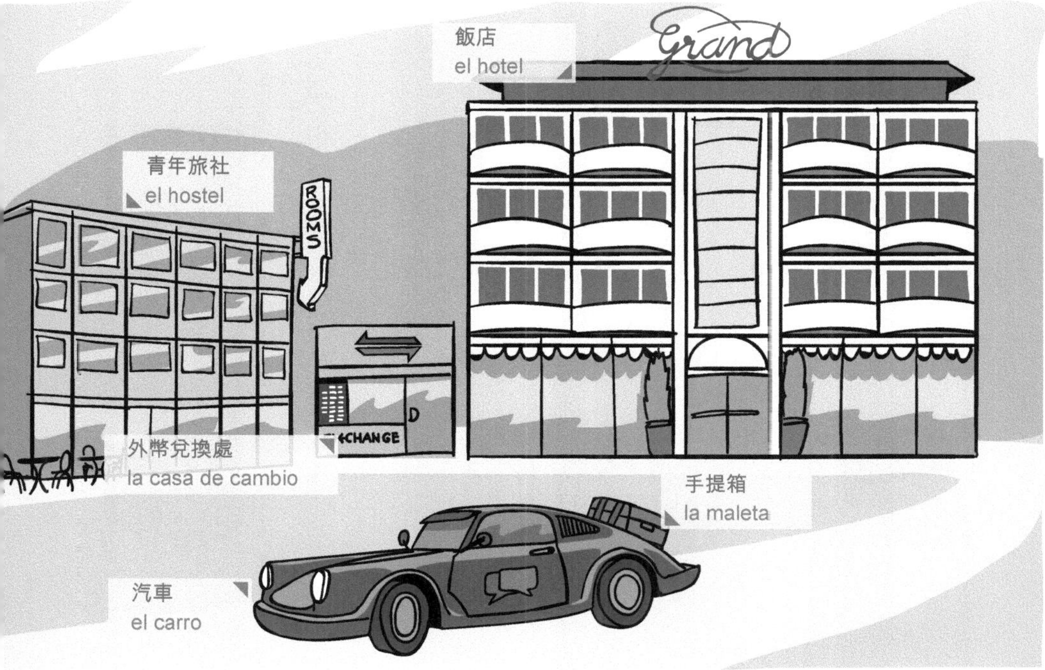
飯店
el hotel
Grand
青年旅社
el hostel
ROOMS
外幣兌換處
la casa de cambio
手提箱
la maleta
汽車
el carro

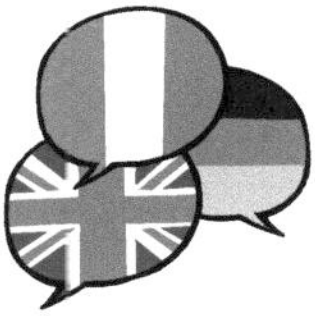

語言

el idioma

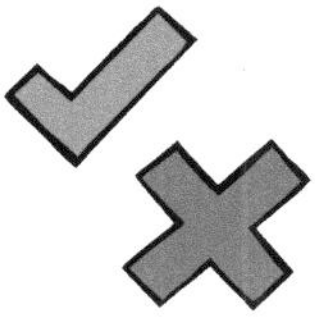

是/否

sí / no

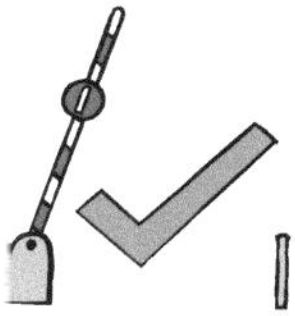

好的

Órale

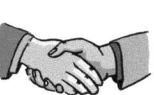

您好

hola

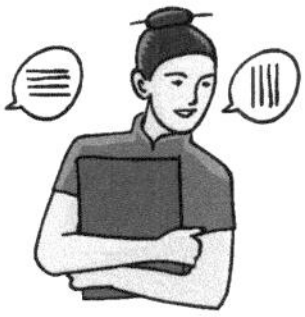

翻譯人員

el traductor

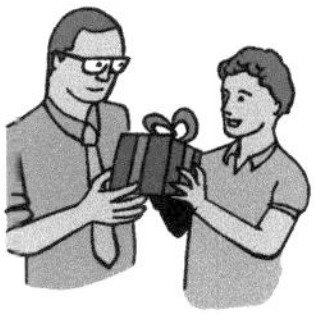

謝謝

Gracias

……多少錢？

¿cuánto cuesta…?

我不明白

No entiendo

問題

el problema

晚上好！

¡Buenas tardes!

早上好！

¡Buenos días!

晚安！

¡Buenas noches!

再見

adiós

方向

la dirección

行李

el equipaje

包

la bolsa

背包

la mochila

客人

el invitado

房間

la recámara

睡袋

la bolsa de dormir

帳篷

la tienda de campaña

旅行資訊
la información turística

海灘
la playa

信用卡
la tarjeta de crédito

早餐
e desayuno

午餐
el almuerzo

晚餐
la cena

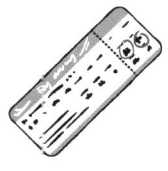

票
el billete

電梯
el ascensor

郵票
el sello

邊界
la frontera

海關
la aduana

大使館
la embajada

簽證
la visa

護照
el pasaporte

交通運送

el transporte

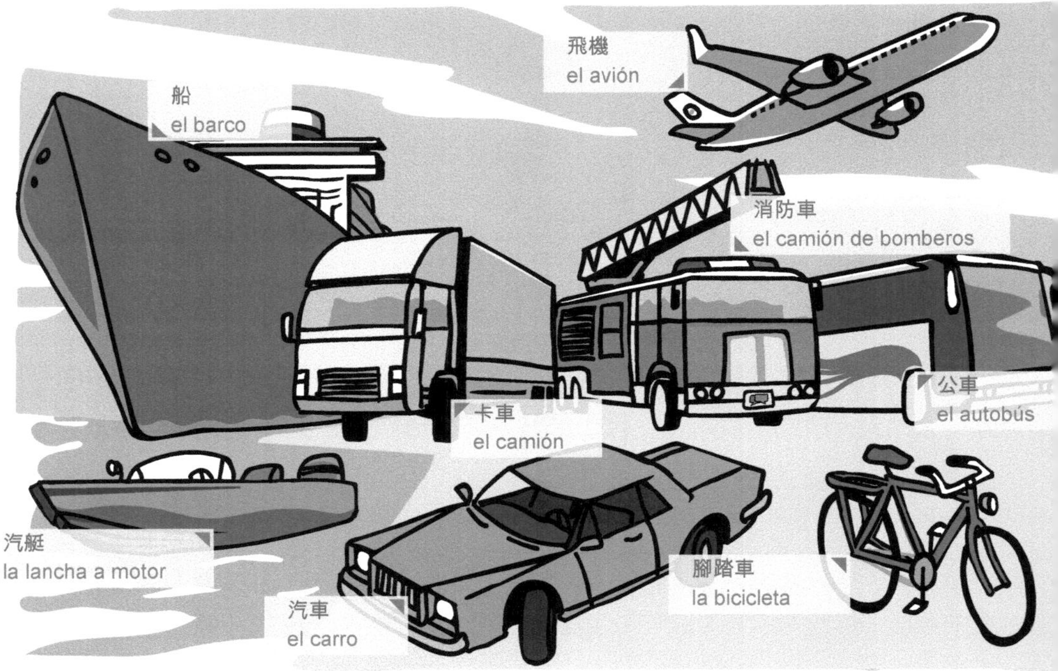

飛機
el avión
船
el barco
消防車
el camión de bomberos
公車
el autobús
卡車
el camión
汽艇
la lancha a motor
腳踏車
la bicicleta
汽車
el carro

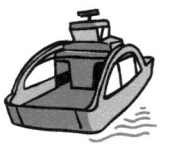

渡輪

el ferry

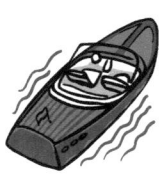

小船

el bote

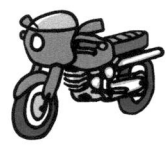

機車

la motocicleta

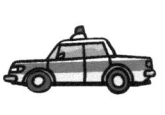

警車

la patrulla

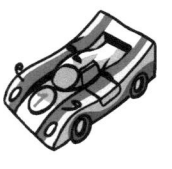

賽車

el coche de carreras

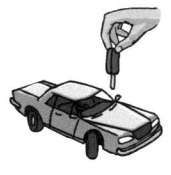

租車

el auto para rentar

拼車
la renta de autos

拖車
la grúa

垃圾車
el camión recolector de basura

馬達
el motor

汽油
la gasolina

加油站
la gasolinera

交通標識
la señal de tráfico

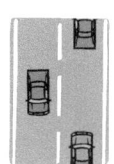

交通
el tránsito

交通堵塞
el embotellamiento

停車場
el aparcamiento

火車站
la estación de tren

軌道
las vías

火車
el tren

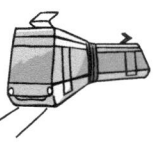

路面電車
el tranvía

客車廂
el vagón

直升機

el helicóptero

機場

el aeropuerto

塔

la torre

乘客

el pasajero

集裝箱

el contenedor

紙板箱

la caja de cartón

手推車

la carretilla

籃子

la cesta

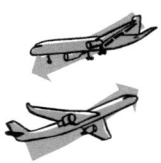

起飛/降落

despegar / aterrizar

城市

la ciudad

村莊

el pueblo

市中心

el centro de la ciudad

房子

la casa

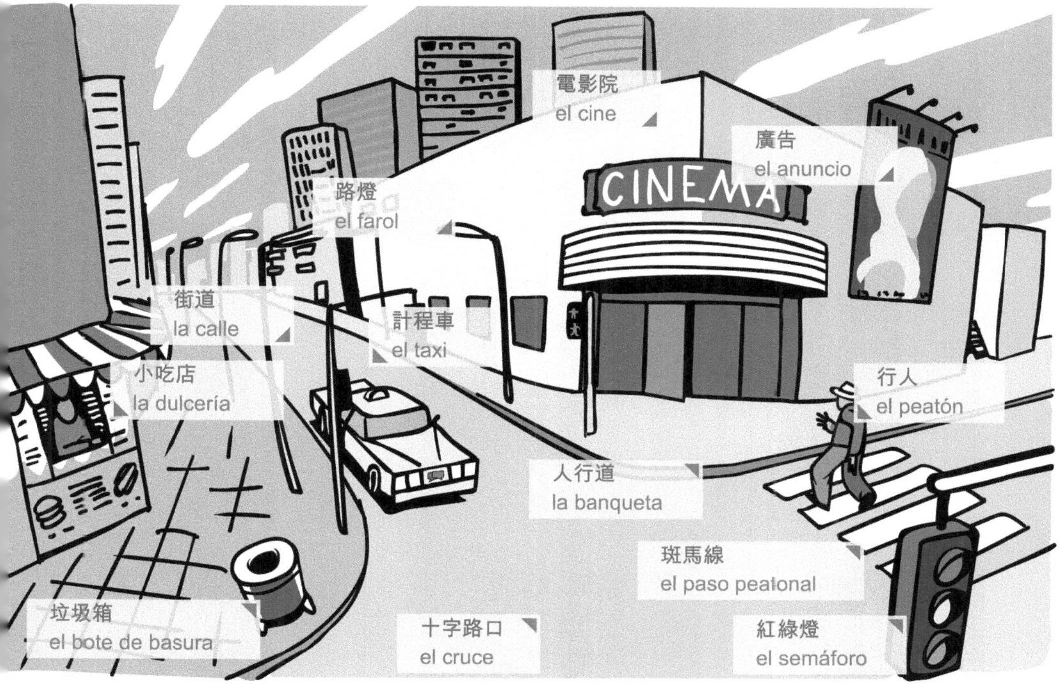

電影院
el cine
廣告
el anuncio
CINEMA
路燈
el farol
街道
la calle
計程車
el taxi
小吃店
la dulcería
行人
el peatón
人行道
la banqueta
斑馬線
el paso peatonal
垃圾箱
el bote de basura
十字路口
el cruce
紅綠燈
el semáforo

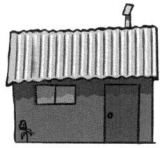

小屋

la cabaña

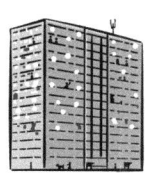

公寓

el apartamento

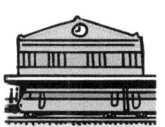

火車站

la estación de tren

市政廳

el ayuntamiento

MUSEUM

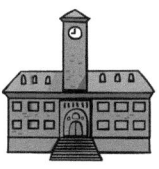

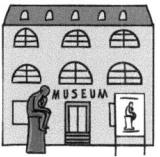

博物館

el museo

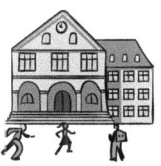

學校

la escuela

大學

la universidad

銀行

el banco

醫院

el hospital

飯店

el hotel

藥房

la farmacia

辦公室

la oficina

書店

la librería

商店

la tienda

花店

la florería

超市

el supermercado

市場

el mercado

百貨商店

las grandes tiendas

魚店

la pescadería

購物中心

el centro comercial

海港

el puerto

公園
el parque

長凳
el banco

橋
el puente

樓梯
las escaleras

捷運
el metro

隧道
el túnel

公車站
la parada de autobús

酒吧
el bar

餐館
el restaurante

郵筒
el buzón

路標
el letrero

停車計時器
el parquímetro

動物園
el zoológico

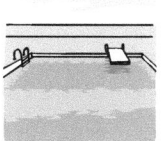

游泳池
la alberca

清真寺
la mezquita

農場

la granja

污染

la contaminación

墓地

el cementerio

教堂

la iglesia

操場

el área de niños

寺廟

el templo

地形
el paisaje

樹葉
la hoja

指示牌
la señal

路
el camino

草地
la pradera

石頭
la piedra

樹
el árbol

徒步旅行者
el caminante

河
el río

草
el pasto

花
la flor

峽谷
el valle

丘陵
la montaña

湖
el lago

森林
el bosque

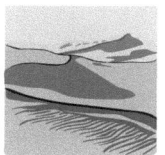

沙漠
el desierto

火山
el volcán

城堡
el castillo

彩虹
el arco iris

蘑菇
el champiñón

棕櫚樹
la palmera

蚊子
el mosquito

蒼蠅
la mosca

螞蟻
la hormiga

蜜蜂
la abeja

蜘蛛
la araña

甲蟲

el escarabajo

青蛙

la rana

松鼠

la ardilla

刺蝟

el erizo

野兔

la liebre

貓頭鷹

la lechuza

鳥

el pájaro

天鵝

el cisne

野豬

el jabalí

鹿

el ciervo

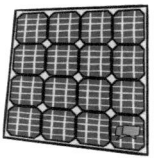

麋鹿

el alce

水壩

el embalse

風力發電機

la turbina eólica

太陽能電池板

el panel solar

氣候

el clima

服務生
el camarero

菜譜
el menú

椅子
la silla

湯
la sopa

披薩餅
la pizza

餐具
los cubiertos

桌布
el mantel

前菜

la entrada

主菜

el plato fuerte

甜點

el postre

飲料

las bebidas

食物

la comida

瓶子

la botella

速食

la comida rápida

街邊小吃

la comida de la calle

茶壺

la tetera

糖盒

la azucarera

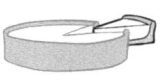

一份飯菜

la porción

義式咖啡機

la cafetera espresso

高腳椅

la periquera

帳單

la cuenta

托盤

la charola

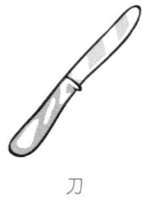

刀

el cuchillo

餐叉

el tenedor

勺子

la cuchara

茶匙

la cuchara de té

餐巾

la servilleta

玻璃杯

el vaso

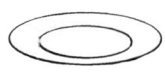

碟子
el plato

湯盤
el plato hondo

碟子
el plato

醬
la salsa

鹽瓶
el salero

胡椒研磨罐
el molino para pimienta

醋
el vinagre

食用油
el aceite

調味料
las especias

番茄醬
el kétchup

芥末
la mostaza

美乃滋
la mayonesa

超市

el supermercado

特價
la oferta especial
顧客
el cliente
FOR
乳製品
los productos lácteos
水果
la fruta
購物車
el carrito para compras

BUTCHERS

肉鋪

la carnicería

BAKERY

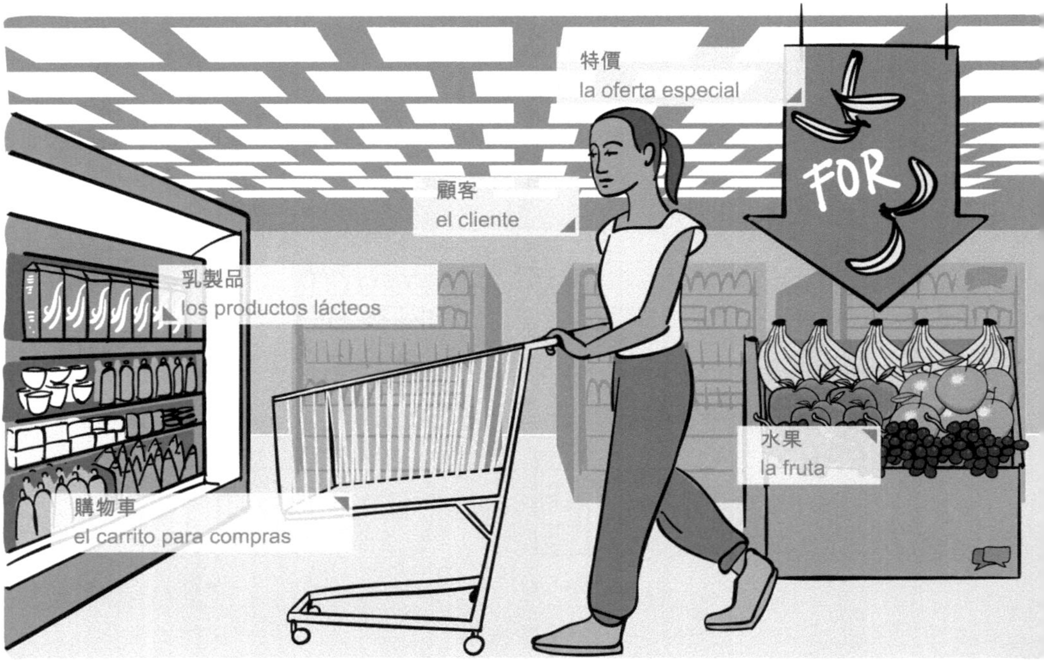

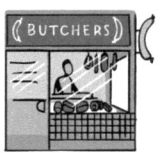

麵包店

la panadería

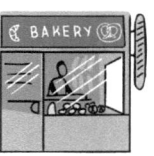

稱重

pesar

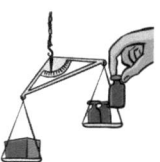

蔬菜

los vegetales

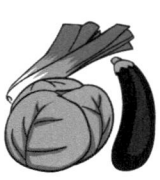

肉

la carne

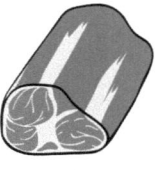

冷凍食品

los alimentos congelados

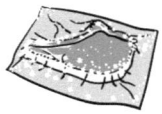

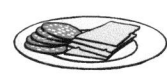

冷盤
las carnes frías

罐頭食品
los alimentos enlatados

洗衣粉
el detergente en polvo

甜食
los dulces

日用品
los electrodomésticos

清潔用品
productos de limpieza

銷售員
la vendedora

收銀機
la caja

收銀員
el cajero

購物清單
la lista de compras

開放時間
el horario de atención al
público

錢包
la cartera

信用卡
la tarjeta de crédito

袋子
la bolsa

塑膠袋
la bolsa de plástico

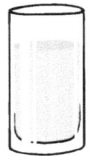

水

el agua

果汁

el jugo

牛奶

la leche

可樂

el refresco de cola

紅酒

el vino

啤酒

la cerveza

酒

el alcohol

可可

el cacao

茶

el té

咖啡

el café

義式濃縮咖啡

el espresso

卡布奇諾

el cappuccino

香蕉

el plátano

蘋果

la manzana

柳丁

la naranja

西瓜

el melón

檸檬

el limón

胡蘿蔔

la zanahoria

大蒜

el ajo

竹子

el bambú

洋蔥

la cebolla

蘑菇

e champiñón

堅果

las nueces

麵條

los fideos

義大利麵

los espaguetis

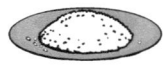

米飯

el arroz

沙拉

la ensalada

薯條

las patatas fritas

炸馬鈴薯

las patatas fritas

披薩餅

la pizza

漢堡

la hamburguesa

三明治

el emparedado

炸豬排

el filete

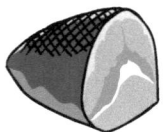

火腿

el jamón

義大利臘腸

el salami

香腸

la salchicha

雞肉

el pollo

烤肉

el asado

魚

el pescado

燕麥片

los copos de avena

木斯里

el muesli

玉米片

los copos de maíz

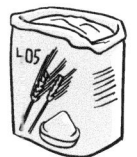

麵粉

la harina

牛角麵包

el cuernito

麵包捲

el bolillo

麵包

el pan

吐司

la tostada

餅乾

las galletas

奶油

la mantequilla

凝乳

la cuajada

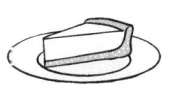

蛋糕

el pastel

蛋

el huevo

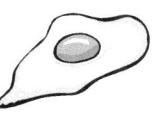

煎蛋

el huevo frito

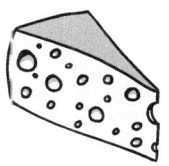

起司

el queso

食物 - la comida

冰淇淋

el helado

糖

el azúcar

蜂蜜

la miel

果醬

la mermelada

巧克力醬

la crema de chocolate

咖哩

el curry

農場
la granja

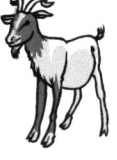

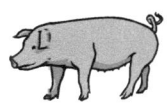

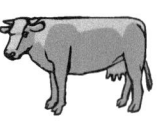

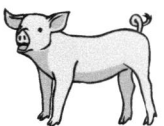

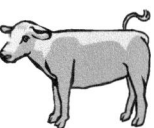

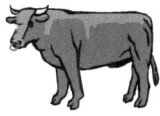

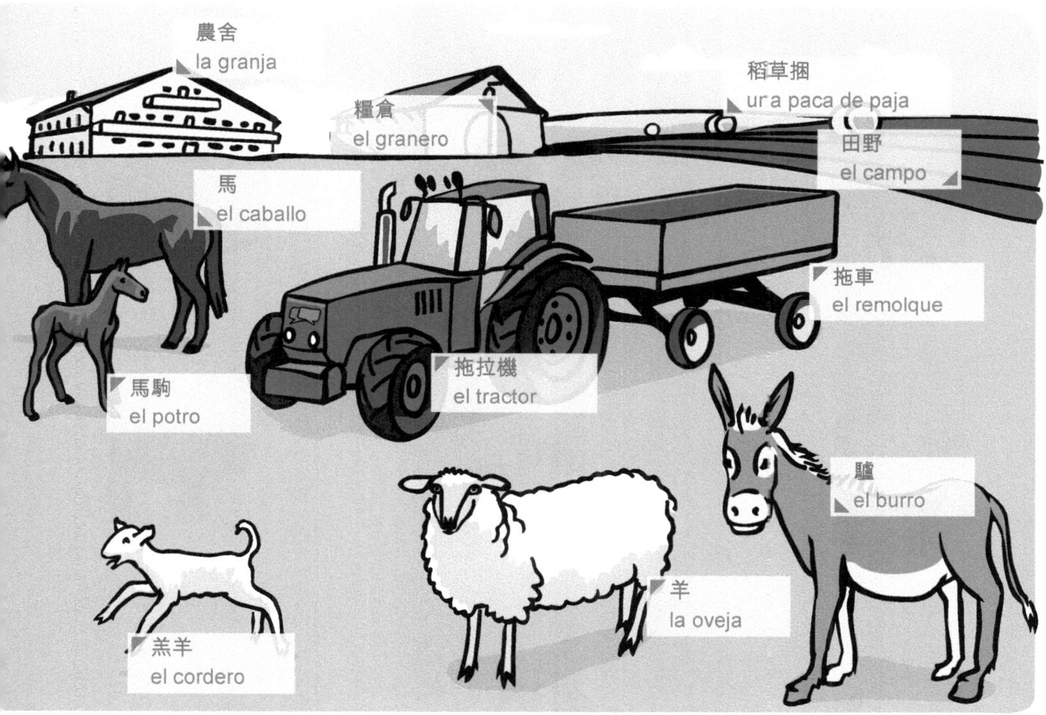

農舍
la granja
糧倉
el granero
稻草捆
una paca de paja
田野
el campo
馬
el caballo
拖車
el remolque
拖拉機
el tractor
馬駒
el potro
驢
el burro
羊
la oveja
羔羊
el cordero

山羊
la cabra

奶牛
la vaca

小牛
el ternero

豬
el cerdo

小豬
el lechón

公牛
el toro

鵝

el ganso

鴨

el pato

小雞

el pollo

母雞

la gallina

公雞

el gallo

鼠

la rata

貓

el gato

老鼠

el ratón

牛

el buey

狗

el perro

狗屋

la casa del perro

花園澆水軟管

la manguera

澆水壺

la regadera

長柄大鐮刀

la guadaña

犁

el arado

鐮刀
la hoz

鋤頭
el azadón

長柄草耙
la horquilla

斧頭
el hacha

獨輪手推車
la carretilla

飼料槽
el bebedero

牛奶罐
el bote de leche

麻布袋
el saco

柵欄
la valla

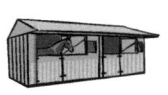

馬廄
el establo

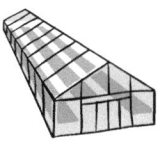

溫室
el invernadero

土壤
el suelo

種子
la semilla

肥料
el fertilizador

聯合收割機
la cosechadora

收割

cosechar

收割

la cosecha

地瓜

el camote

小麥

el trigo

大豆

la soja

土豆

la patata

玉米

el maiz

油菜籽

la semilla de colza

果樹

el árbol frutal

樹薯

la mandioca

穀物

las cereales

房子
la casa

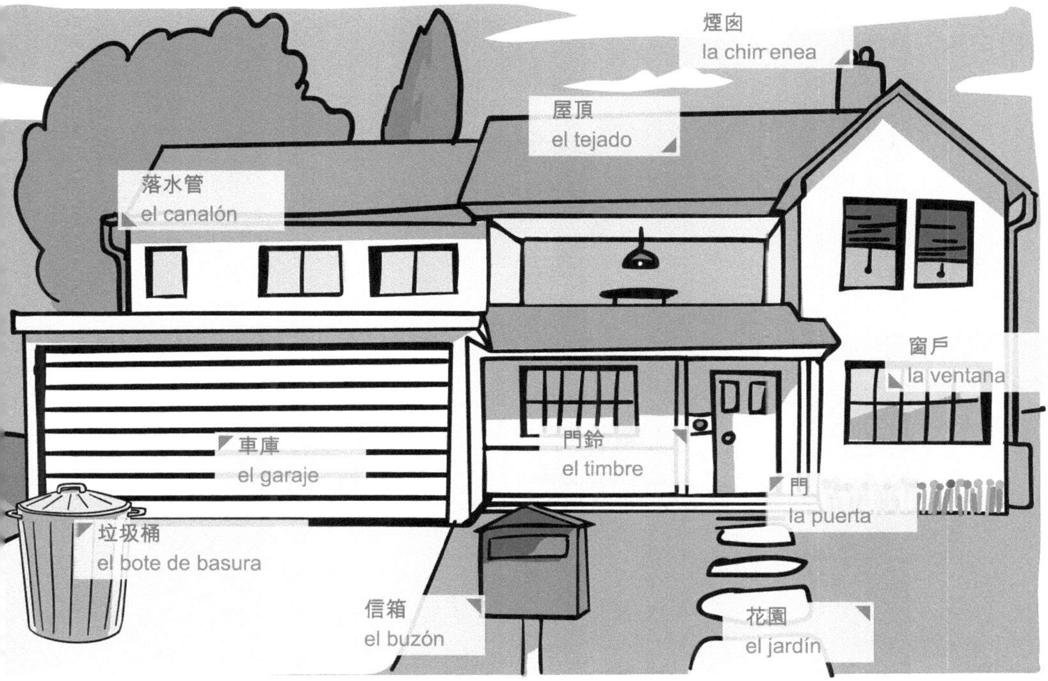
煙囪
la chimenea
屋頂
el tejado
落水管
el canalón
窗戶
la ventana
車庫
el garaje
門鈴
el timbre
門
la puerta
垃圾桶
el bote de basura
信箱
el buzón
花園
el jardín

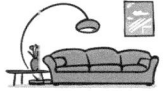

客廳
la estancia

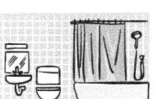

浴室
el baño

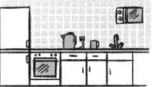

廚房
la cocina

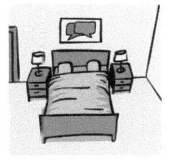

臥室
la recámara

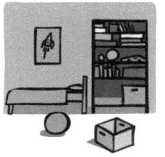

兒童房
la recámara de los niños

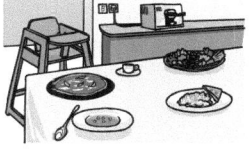

餐廳
el comedor

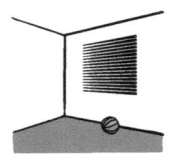

地板
el suelo

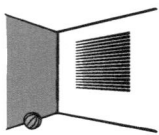

牆壁
la pared

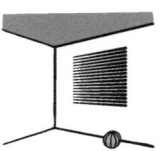

天花板
el techo

地窖
el sótano

三溫暖
el sauna

陽臺
el balcón

露臺
la terraza

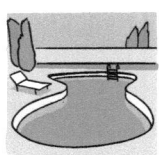

游泳池
la alberca

割草機
el cortacésped

被單
la sábana

床罩
la colcha

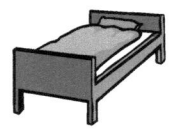

床
la cama

掃帚
la escoba

水桶
el balde

開關
el interruptor

壁紙
el papel para empapelar

相片
la imagen

檯燈
la lámpara

擱架
el estante

櫥櫃
la alacena

電視
la televisión

壁爐
la chimenea

花
la flor

墊子
el cojín

沙發
el sofá

花瓶
el florero

遙控器
el control remoto

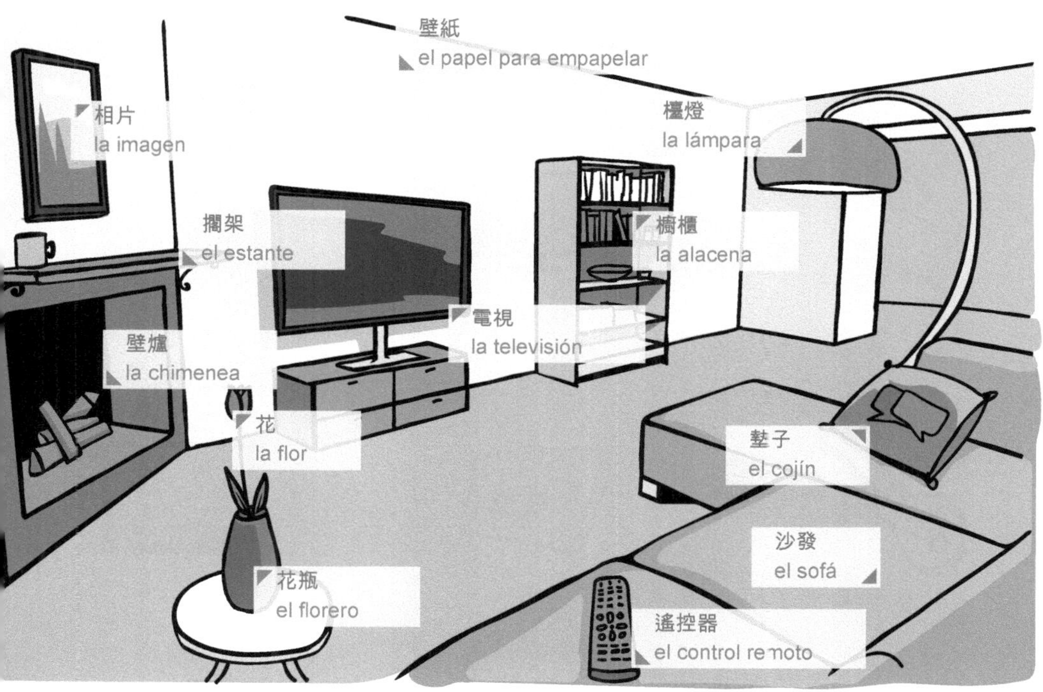

地毯
la alfombra

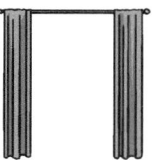

窗簾
la cortina

餐桌
la mesa

椅子
la silla

搖椅
la mecedora

扶手椅
el sillón

客廳 - la estancia

33

書
el libro

毯子
la frazada

裝飾品
la decoración

木柴
la leña

電影
la película

高傳真音響
el equipo de música

鑰匙
la llave

報紙
el periódico

油畫
la pintura

海報
el póster

收音機
la radio

筆記本
el cuaderno

吸塵器
la aspiradora

仙人掌
el cactus

蠟燭
la vela

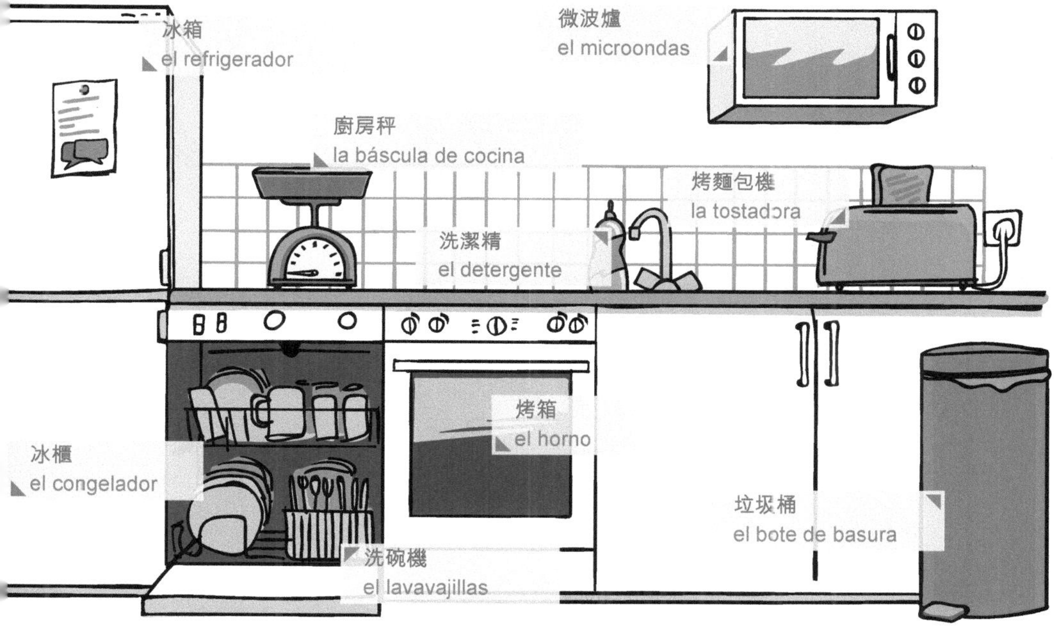

微波爐
el microondas

冰箱
el refrigerador

廚房秤
la báscula de cocina

烤麵包機
la tostadora

洗潔精
el detergente

冰櫃
el congelador

烤箱
el horno

垃圾桶
el bote de basura

洗碗機
el lavavajillas

炊具
la olla a presión

鍋
la olla

鑄鐵鍋
la olla de hierro fundido

炒鍋
el wok

平底鍋
la sartén

水壺
el hervidor

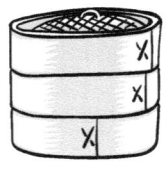

蒸鍋

la vaporera

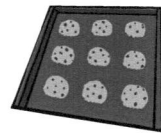

烤盤

la charola de horno

陶瓷鍋

la loza

馬克杯

la taza

碗

el bol

筷子

los palillos

長柄勺

el cucharón

鏟子

la espátula

攪拌器

la batidora

濾網

el colador

篩子

el colador

磨碎機

el rallador

研缽

el mortero

燒烤

la barbacoa

明火

la fogata

菜板

la tabla para picar

擀麵杖

el rodillo para amasar

開瓶器

el sacacorchos

罐子

la lata

開罐器

el abrelatas

隔熱手套

el guante de cocina

水槽

e fregadero

刷子

el cepillo

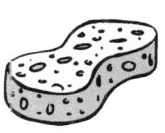

海綿

la esponja

攪拌機

la batidora

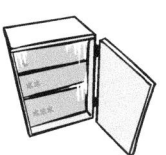

冷藏箱

el congelador

奶瓶

el biberón

水龍頭

la llave

浴室

el baño

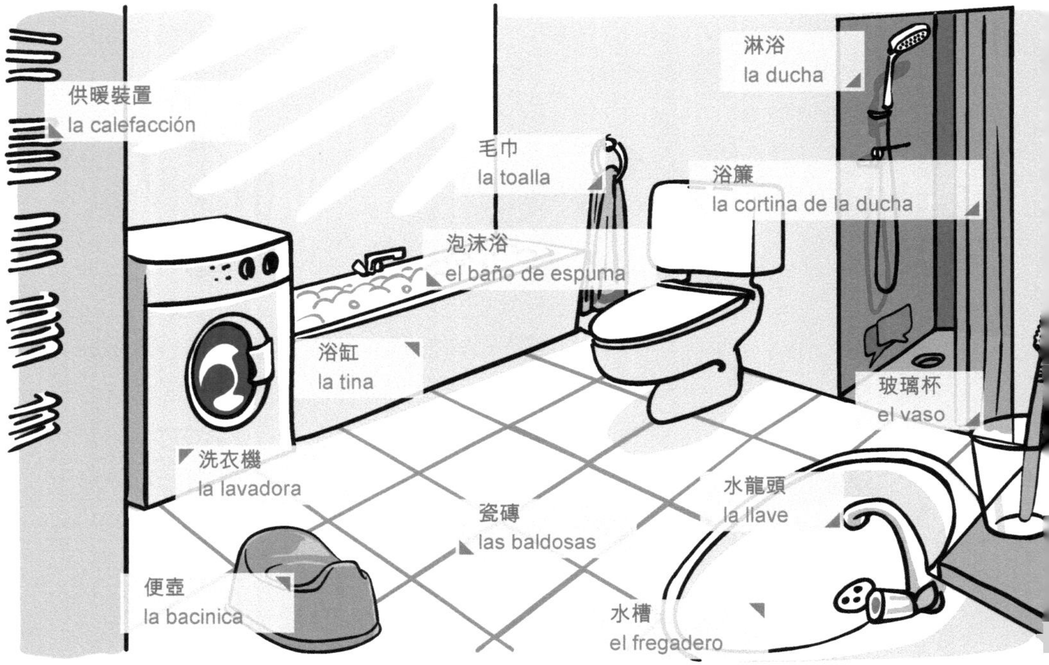

供暖裝置
la calefacción
毛巾
la toalla
淋浴
la ducha
浴簾
la cortina de la ducha
泡沫浴
el baño de espuma
浴缸
la tina
洗衣機
la lavadora
瓷磚
las baldosas
玻璃杯
el vaso
水龍頭
la llave
便壺
la bacinica
水槽
el fregadero

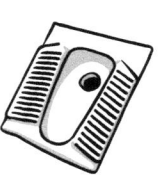

廁所

el inodoro

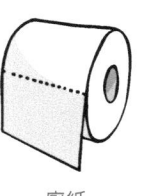

蹲便器

la letrina

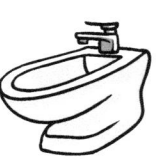

坐浴器

el bidé

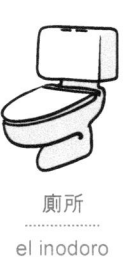

小便斗

el mingitorio

廁紙

el papel higiénico

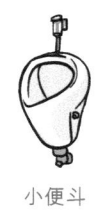

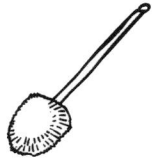

馬桶刷

el cepillo para baño

牙刷

el cepillo de dientes

牙膏

la pasta dental

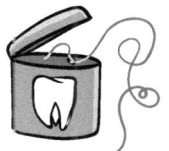

牙線

el hilo dental

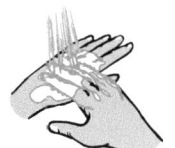

洗

lavar

手持式蓮蓬頭

la ducha de mano

沖洗器

la ducha vaginal

洗臉盆

el fregadero

洗背刷

el cepillo de espalda

肥皂

el jabón

沐浴露

el gel de ducha

洗髮乳

el champú

法蘭絨

la toallita

排水

el drenaje

乳霜

la crema

除臭劑

el desodorante

鏡子

el espejo

手鏡

el espejo de tocador

刮鬍刀

la máquina para afeitar

刮鬍泡沫

la espuma de afeitar

鬚後水

la loción para después de afeitar

梳子

el peine

刷子

el cepillo

吹風機

la secadora

噴髮定型劑

la laca

化妝品

el maquillaje

唇膏

el lápiz labial

指甲油

el esmalte para uñas

化妝棉

el algodón

指甲剪

las tijeras para uñas

香水

el perfume

洗漱包

el estuche para cosméticos

凳子

el taburete

計重秤

la báscula

浴袍

la bata

橡膠手套

los guantes de goma

衛生棉條

el tampón

衛生棉

la toalla sanitaria

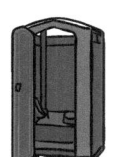

化學廁所

el baño móvil

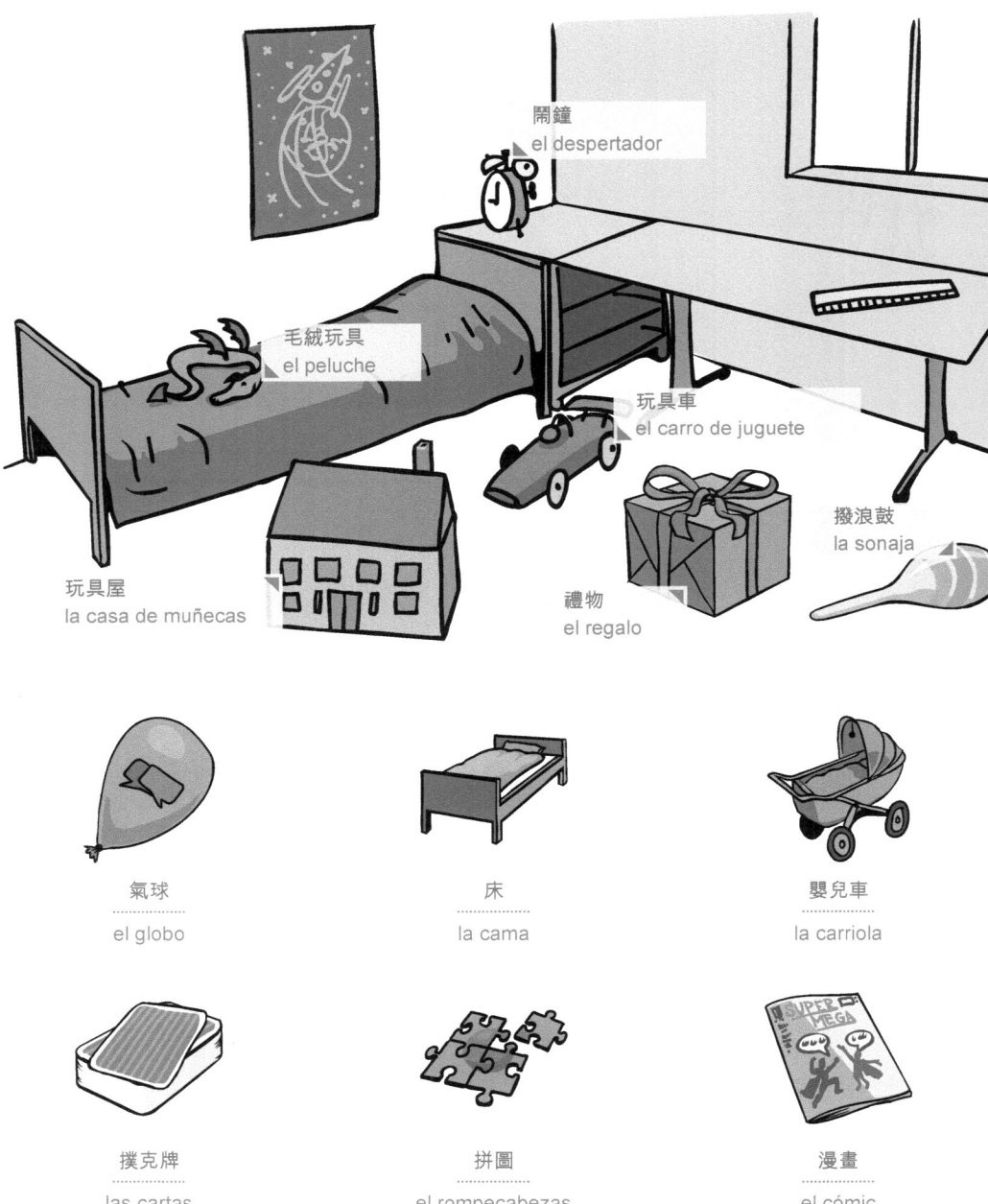

鬧鐘
el despertador

毛絨玩具
el peluche

玩具車
el carro de juguete

撥浪鼓
la sonaja

玩具屋
la casa de muñecas

禮物
el regalo

氣球
el globo

床
la cama

嬰兒車
la carriola

撲克牌
las cartas

拼圖
el rompecabezas

漫畫
el cómic

樂高積木

las piezas de lego

積木玩具

los bloques para jugar

公仔

la figura de acción

嬰兒服

el mameluco

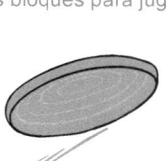

飛盤

el frisbee

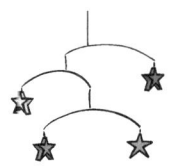

床鈴玩具

el móvil para bebés

棋盤遊戲

el juego de mesa

骰子

los dados

火車模型

el tren eléctrico

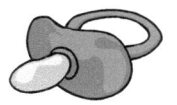

安撫奶嘴

el maniquí

派對

la fiesta

繪本

e álbum de fotos

球

el balón

洋娃娃

la muñeca

玩

jugar

沙坑

el arenero

鞦韆

el columpio

玩具

los juguetes

電玩遊戲

la consola de videojuegos

三輪車

el triciclo

泰迪熊

el oso de peluche

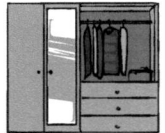

衣櫃

el clóset

衣服

la ropa

襪子

los calcetines

長襪

las pantimedias

緊身褲

las mallas

圍巾
la bufanda

雨傘
el paraguas

T恤
la playera

皮帶
el cinto

靴子
las botas

拖鞋
las chanclas

運動鞋
los tenis

涼鞋
las sandalias

鞋
los zapatos

雨靴
las botas de goma

內褲
la ropa interior

胸罩
el brasier

背心
el chaleco

衣服 - la ropa   45

身體

el body

褲子

los pantalones

牛仔褲

los pantalones de mezclilla

短裙

la falda

女式襯衫

la blusa

襯衫

la camisa

套頭衫

el suéter

連帽上衣

la sudadera

西裝夾克

el saco sport

夾克

la chamarra

外套

el abrigo

雨衣

el impermeable

套裝

el traje

連衣裙

el vestido

婚紗

el vestido de novia

西裝
el traje

睡袍
el camisón

睡衣
el pijama

莎麗
el sari

頭巾
el pañuelo para la cabeza

包頭巾
el turbante

波卡
la burka

卡夫坦
el caftán

(阿拉伯式)長袍
la abaya

泳衣
el traje de baño

男式泳褲
el short de baño

短褲
los shorts

運動服
los pants

圍裙
el delantal

手套
los guantes

鈕扣

el botón

眼鏡

las gafas

手鏈

el brazalete

項鍊

el collar

戒指

el anillo

耳環

el arete

便帽

la gorra

衣架

el gancho

帽子

el sombrero

領帶

la corbata

拉鍊

el cierre

安全帽

el casco

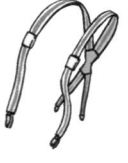

背帶

los tirantes

校服

el uniforme

制服

el uniforme

圍兜
el babero

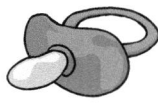

安撫奶嘴
el maniquí

尿布
el pañal

辦公室
la oficina

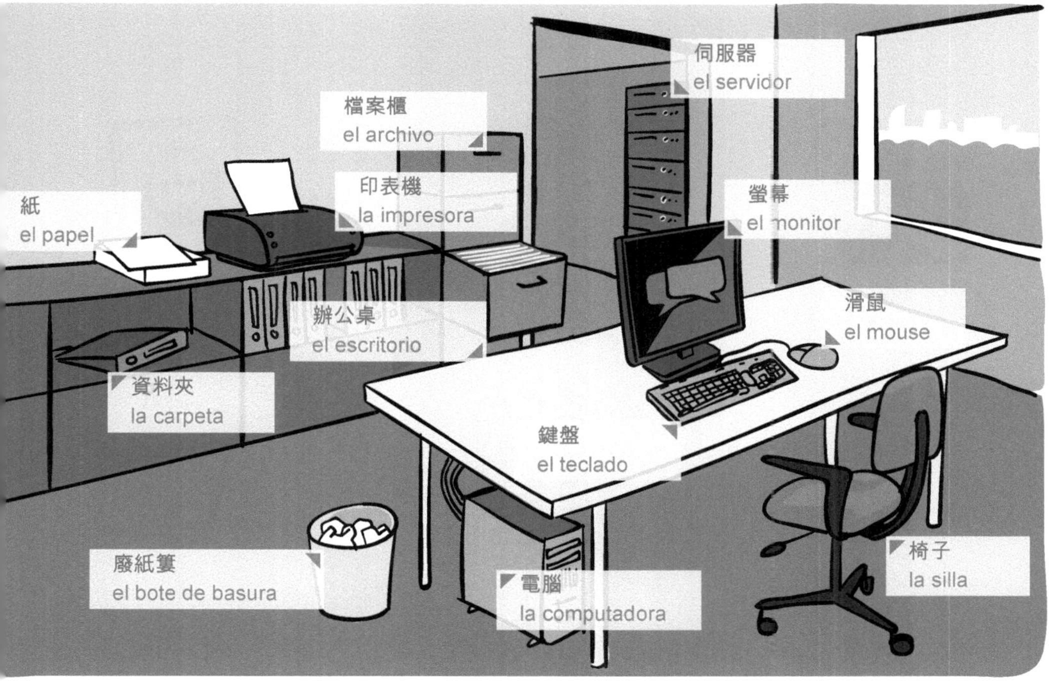

伺服器
el servidor

檔案櫃
el archivo

印表機
la impresora

螢幕
el monitor

紙
el papel

辦公桌
el escritorio

滑鼠
el mouse

資料夾
la carpeta

鍵盤
el teclado

廢紙簍
el bote de basura

椅子
la silla

電腦
la computadora

咖啡杯
la taza de café

計算機
la calculadora

網際網路
el internet

筆記型電腦
la notebook

信件
la carta

簡訊
el mensaje

行動電話
el móvil

網路
la red

影印機
la fotocopiadora

軟體
el software

電話
el teléfono

插座
el tomacorriente

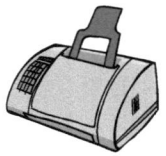

傳真機
el fax

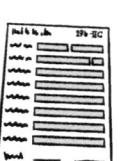

表格
el formulario

檔案
el documento

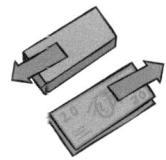

買

comprar

付錢

pagar

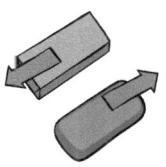

交易

hacer negocios

現金

el dinero

美元

el dólar

歐元

el euro

日元

el yen

盧布

el rublo

瑞士法郎

el franco suizo

人民幣

el yuan

盧比

la rupia

提款處

el cajero automático

外幣兌換處

la casa de cambio

金

el oro

銀

la plata

石油

el petróleo

能源

la energía

價格

el precio

合約

el contrato

稅金

el impuesto

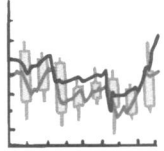

股票

la acción

工作

trabajar

職員

el empleado

老闆

el empleador

工廠

la fábrica

商店

la tienda

las ocupaciones

警官
el policía

消防員
el bombero

廚師
el cocinero

醫師
el médico

飛行員
el piloto

園丁

el jardinero

木匠

el carpintero

裁縫

la costurera

法官

el juez

化學家

el farmacéutico

演員

el actor

公車司機

el conductor de autobús

計程車司機

el taxista

漁夫

el pescador

清洗女工

la señora de la limpieza

屋頂工

el instalador de techos

服務生

el camarero

獵人

el cazador

畫家

el pintor

麵包師

el panadero

電工

el electricista

建築工人

el obrero

工程師

el ingeniero

屠夫

el carnicero

水管工

el plomero

郵差

el cartero

士兵

el soldado

建築師

el arquitecto

收銀員

el cajero

花農

el florista

理髮師

el peluquero

售票員

el cobrador

機械技師

el mecánico

船長

el capitán

牙醫

el dentista

科學家

el científico

拉比

el rabino

伊瑪目

el imán

和尚

el monje

牧師

el sacerdote

工具

las herramientas

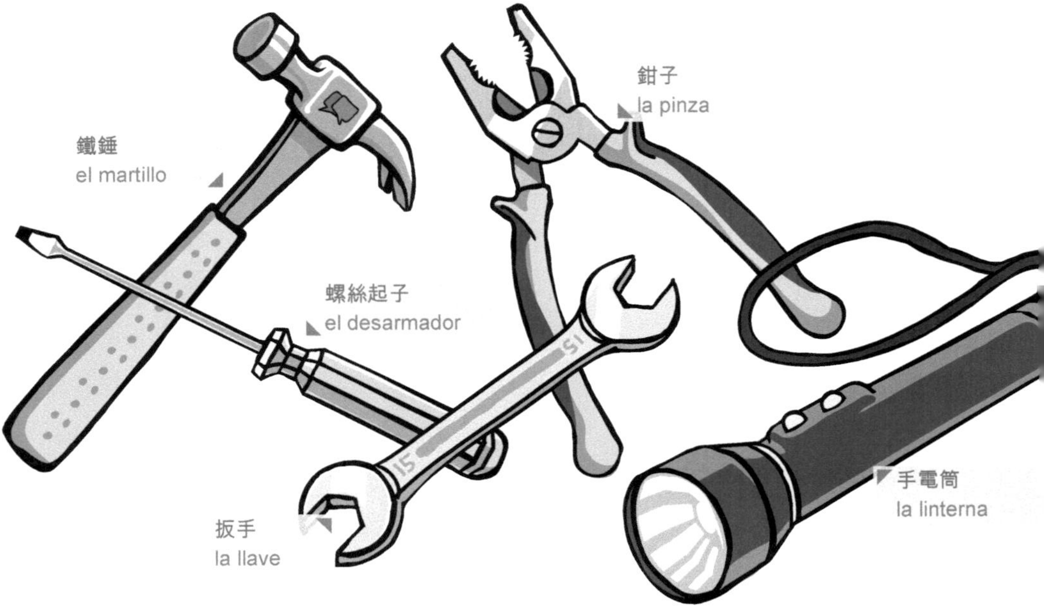

鐵錘
el martillo

螺絲起子
el desarmador

鉗子
la pinza

扳手
la llave

手電筒
la linterna

挖掘機

la excavadora

工具箱

la caja de herramientas

梯子

la escalera de mano

鋸子

la sierra

釘子

los clavos

鑽機

el taladro

修
reparar

鏟子
la pala

糟糕！
¡Maldición!

畚箕
el recogedor

油漆桶
el bote de pintura

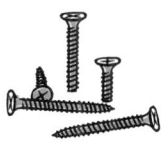

螺絲
los tornillos

樂器

los instrumentos musicales

打擊樂器
la batería

揚聲器
el altavoz

低音提琴
el contrabajo

小號
la trompeta

吉他
la guitarra

鋼琴

el piano

小提琴

el violín

貝斯

el bajo

定音鼓

los timbales

鼓

el tambor

電子琴

el teclado

薩克斯風

el saxofón

長笛

la flauta

麥克風

el micrófono

動物園

el zoológico

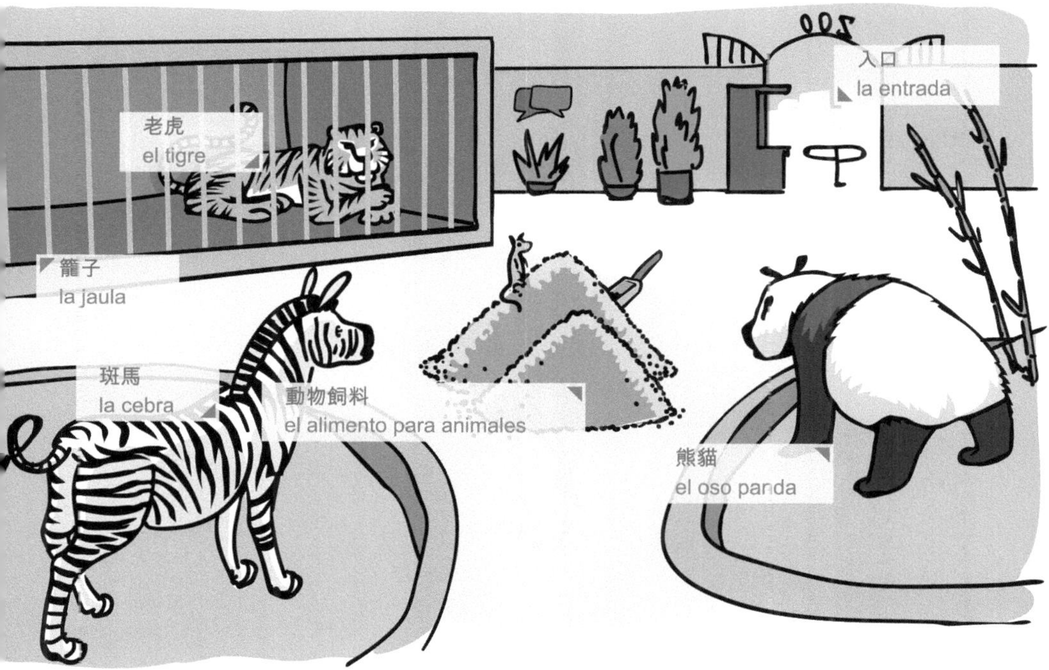

zoo
老虎
el tigre
入口
la entrada
籠子
la jaula
斑馬
la cebra
動物飼料
el alimento para animales
熊貓
el oso panda

動物

los animales

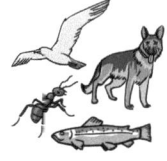

大象

el elefante

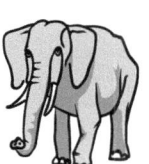

袋鼠

el canguro

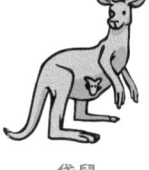

犀牛

el rinoceronte

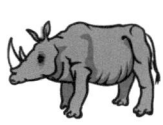

大猩猩

el gorila

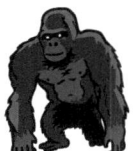

熊

el oso

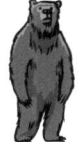

駱駝

el camello

鴕鳥

el avestruz

獅子

el león

猴子

el mono

紅鶴

el flamenco

鸚鵡

el loro

北極熊

el oso polar

企鵝

el pingüino

鯊魚

el tiburón

孔雀

el pavo real

蛇

la serpiente

鱷魚

el cocodrilo

動物園管理員

el guardián de zoológico

海豹

la foca

美洲豹

el jaguar

矮種馬

el poni

豹

el leopardo

河馬

el hipopótamo

長頸鹿

la jirafa

老鷹

el águila

野豬

el jabalí

魚

e pescado

龜

la tortuga

海象

la morsa

狐狸

el zorro

羚羊

la gacela

橄欖球
el fútbol americano

騎腳踏車
el ciclismo

網球
el tenis

籃球
el baloncesto

游泳
la natación

拳擊
el boxeo

冰球
el hockey sobre hielo

美式足球
el fútbol

羽毛球
el bádminton

田徑
el atletismo

手球
el handball

滑雪
el esquí

馬球
el polo

跳
saltar

擁抱
abrazar

笑
reír

走路
caminar

唱
cantar

做夢
soñar

祈禱
rezar

親吻
besar

書寫
escribir

畫
dibujar

展示
mostrar

推
empujar

給
dar

拿
tomar

有
tener

做
hacer

當
ser

站
estar parado

跑
correr

拉
jalar

丟
arrojar

摔倒
caer

躺
estar acostado

等待
esperar

攜帶
llevar

坐
estar sentado

穿衣
vestirse

睡覺
dormir

醒來
despertar

看
mirar

哭
llorar

擊
acariciar

梳頭
peinar

交談
hablar

明白
entender

問
preguntar

聽
escuchar

喝
beber

吃
comer

清理
ordenar

愛
amar

做飯
cocinar

開車
conducir

飛
volar

航行

navegar

計算

calcular

讀

leer

學習

aprender

工作

trabajar

結婚

casarse

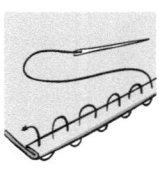

縫

coser

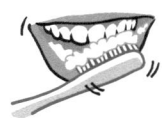

刷牙

cepillarse los dientes

殺

matar

抽菸

fumar

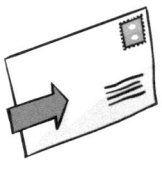

寄

enviar

家
la familia

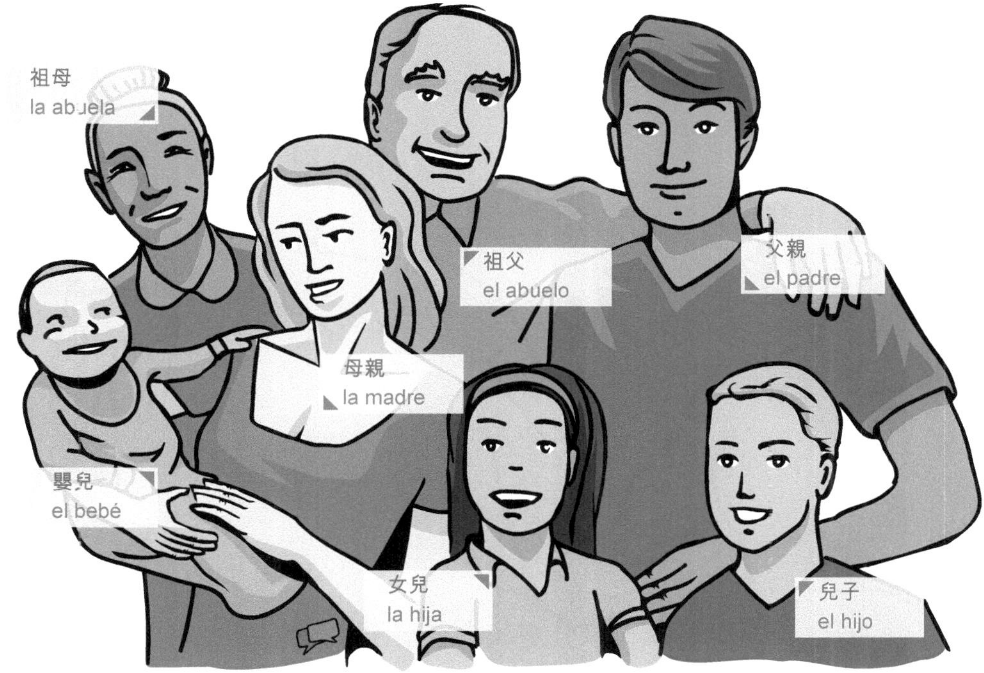
祖母
la abuela
祖父
el abuelo
父親
el padre
母親
la madre
嬰兒
el bebé
女兒
la hija
兒子
el hijo

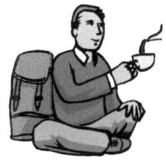

客人
el invitado

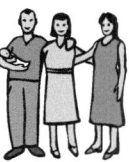

阿姨
la tía

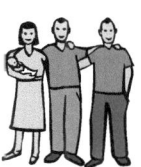

叔叔
el tío

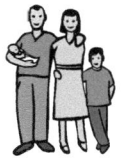

兄弟
el hermano

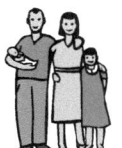

姐妹
la hermana

身體

el cuerpo

前額
la frente
眼睛
el ojo
肩膀
el hombro
手指
el dedo
臉
la cara
下巴
la barbilla
手
la mano
腿
la pierna
乳房
el pecho
手臂
el brazo

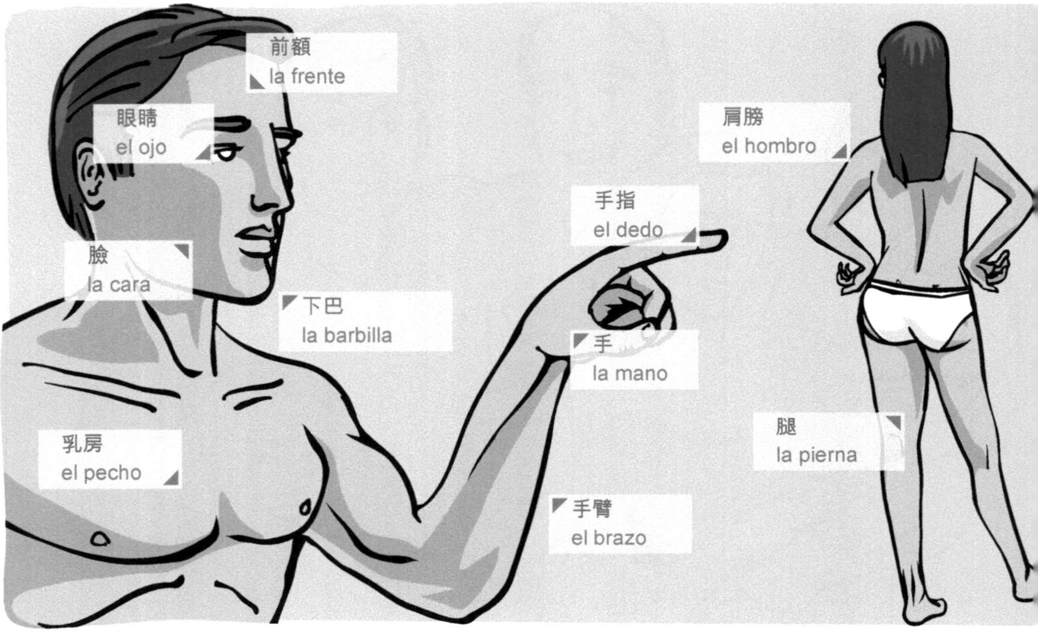

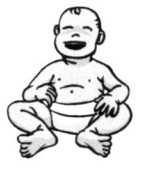

嬰兒

el bebé

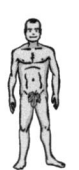

男人

el hombre

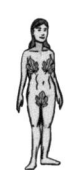

女人

la mujer

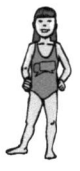

女孩

la niña

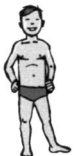

男孩

el niño

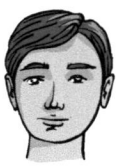

頭

la cabeza

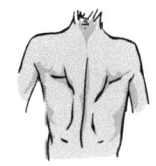

背部

la espalda

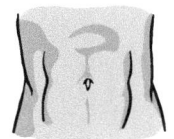

肚子

la barriga

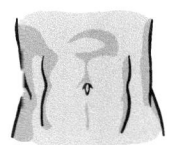

肚臍

el ombligo

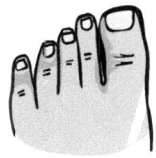

腳趾

el dedo del pie

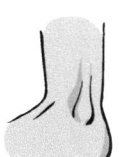

腳後跟

el talón

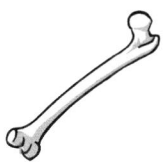

骨頭

el hueso

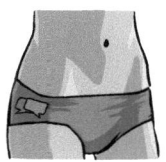

臀部

la cadera

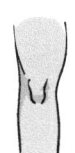

膝蓋

la rodilla

手肘

el codo

鼻子

a nariz

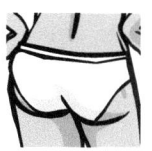

屁股

las pompis

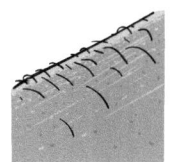

皮膚

la piel

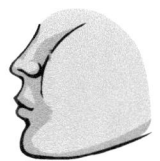

臉頰

la mejilla

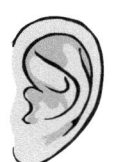

耳朵

el oído

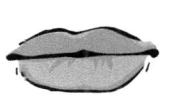

嘴唇

el labio

嘴

la boca

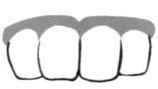

牙齒

el diente

舌頭

la lengua

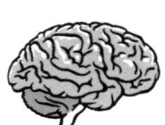

腦

el cerebro

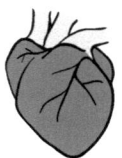
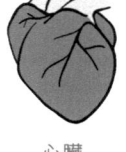

心臟

el corazón

肌肉

el músculo

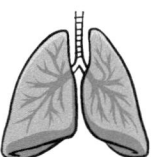

肺

el pulmón

肝臟

el higado

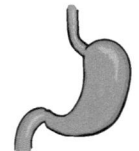

胃

el estómago

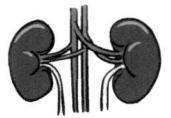

腎臟

los riñones

性交

el sexo

保險套

el condón

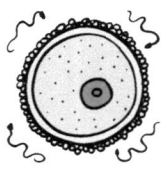

卵子

el óvulo

精子

el semen

懷孕

el embarazo

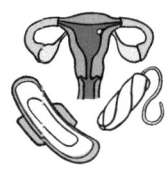

月事

la menstruación

陰道

la vagina

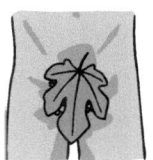

陰莖

el pene

眉毛

la ceja

頭髮

el cabello

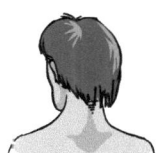

脖子

el cuello

醫院

el hospital

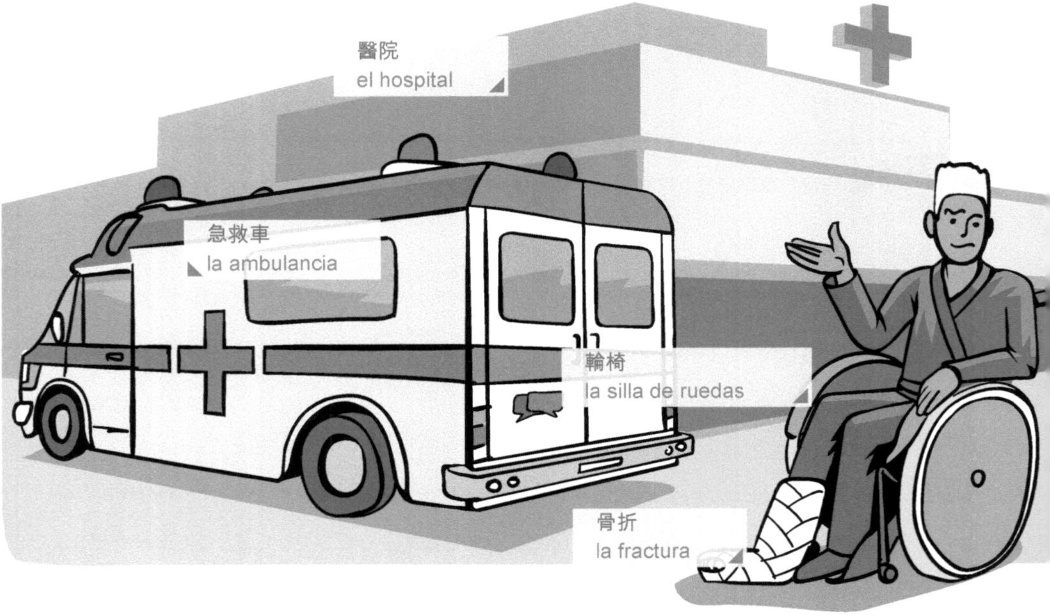

醫院
el hospital
急救車
la ambulancia
輪椅
la silla de ruedas
骨折
la fractura

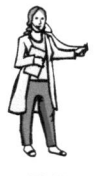

醫師

el médico

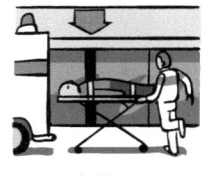

急診室

la sala de emergencias

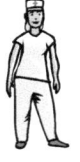

護理師

la enfermera

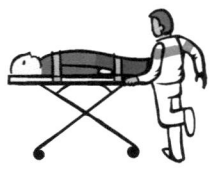

緊急情形

la emergencia

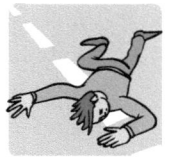

昏迷

inconsciente

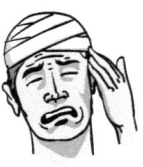

痛

el dolor

受傷

la lesión

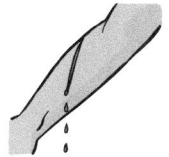

出血

la hemorragia

心臟病發作

el infarto

中風

el accidente
cerebrovascular

過敏

la alergia

咳嗽

la tos

發燒

la fiebre

流感

la gripa

腹瀉

la diarrea

頭痛

el dolor de cabeza

癌症

el cáncer

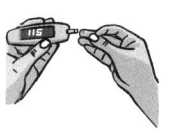

糖尿病

la diabetes

外科醫師

el cirujano

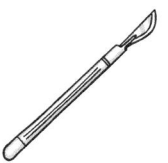

手術刀

el bisturí

手術

la operación

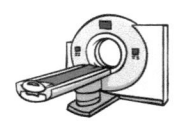

電腦斷層掃描
TC

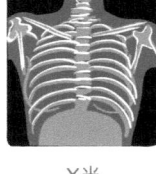

X光
los rayos x

超音波
el ultrasonido

口罩
la mascarilla

疾病
la enfermedad

候診室
la sala de espera

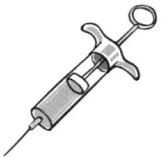

拐杖
la muleta

石膏
la vendita

繃帶
el vendaje

注射
la inyección

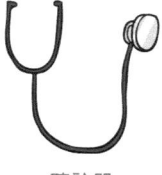

聽診器
el estetoscopio

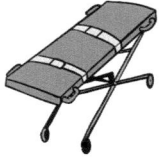

擔架
la camilla

體溫計
el termómetro

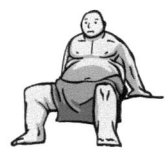

出生
el nacimiento

超重
el sobrepeso

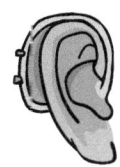

助聽器

el audífono

消毒液

el desinfectante

感染

la infección

病毒

el virus

愛滋病

VIH / SIDA

藥物

la medicina

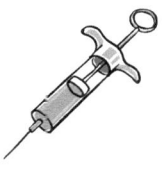

接種疫苗

la vacunación

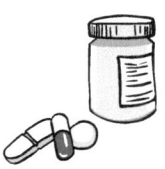

藥片

las tabletas

藥丸

la pastilla anticonceptiva

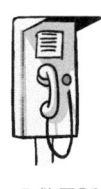

急救電話

llamada de emergencia

血壓計

el medidor de presión

生病/健康

enfermo / sano

救命！

¡Socorro!

警報

la alarma

突擊

la agresión

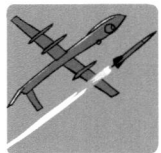

攻擊

el ataque

危險

el peligro

緊急出口

la salida de emergencia

失火了！

¡Fuego!

滅火器

el extintor de incendios

意外

el accidente

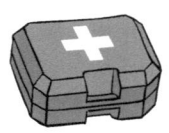

急救箱

el botiquín de primeros
auxilios

呼救訊號

SOS

員警

la policía

歐洲

Europa

北美洲

Norteamérica

南美洲

Sudamérica

非洲

África

亞洲

Asia

澳洲

Australia

大西洋

el Atlántico

太平洋

el Pacífico

印度洋

el Océano Índico

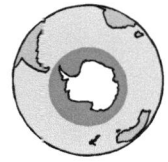

南冰洋

el Océano Antártico

北冰洋

el Océano Ártico

北極

el polo norte

南極

el polo sur

南極洲

la Antártida

地球

la tierra

陸地

la tierra

海

el mar

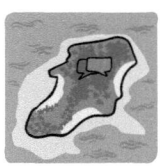

島

la isla

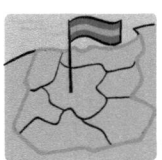

國家

la nación

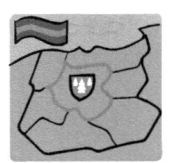

州

el estado

錶盤

a esfera

時針

la manecilla de las horas

分針

el minutero

秒針

el segundero

現在幾點？

¿Qué hora es?

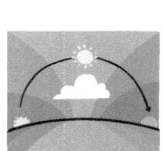

天

el día

時間

la hora

現在

ahora

電子錶

el reloj digital

分

el minuto

時

la hora

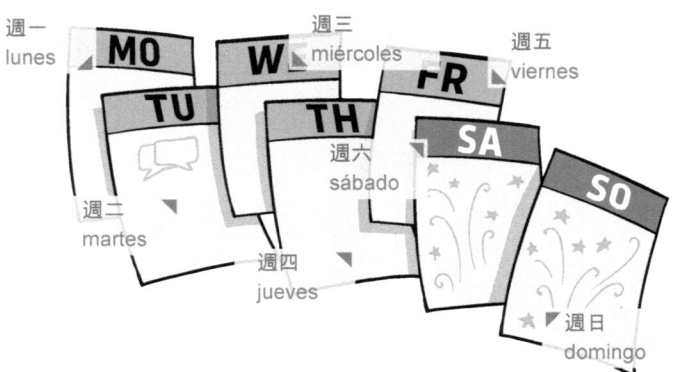

週一 lunes
週二 martes
週三 miércoles
週四 jueves
週五 viernes
週六 sábado
週日 domingo

昨天

ayer

今天

hoy

明天

mañana

早晨

la mañana

中午

el mediodía

晚上

la tarde

工作日

los días laborables

週末

el fin de semana

雨
▶ la lluvia

彩虹
▶ el arco iris

雪
▶ la nieve

風
▶ el viento

春
▶ la primavera

夏
el verano

秋
el otoño

冬
el invierno

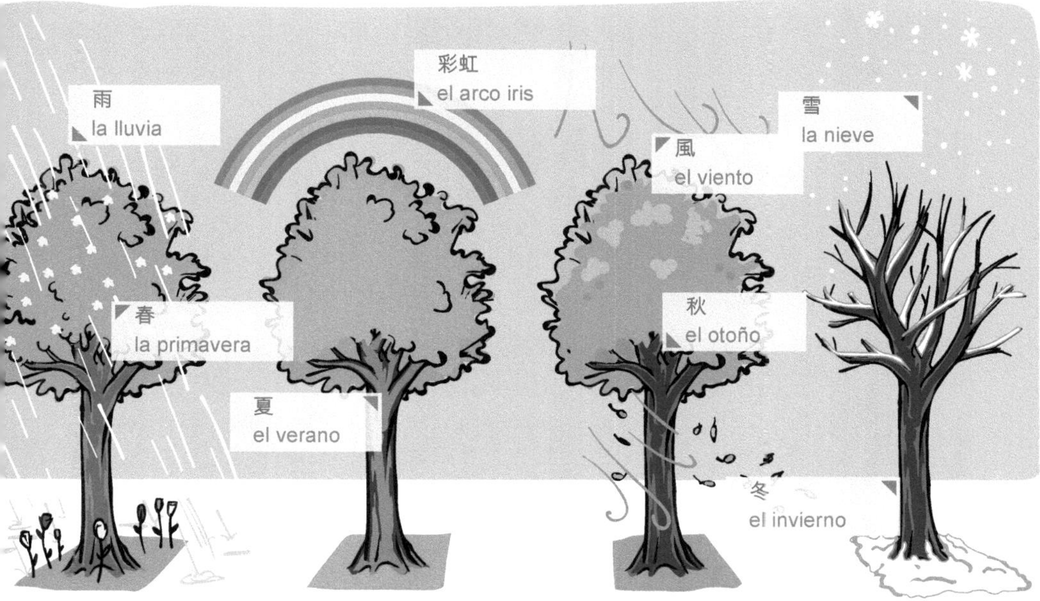

天氣預告

el pronóstico del tiempo

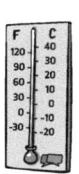

溫度計

el termómetro

陽光

el sol

雲

la nube

霧

la niebla

潮濕

la humedad

閃電

el rayo

打雷

el trueno

風暴

la tormenta

冰雹

el granizo

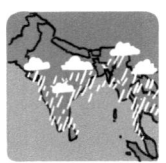

季風

el monzón

洪水

la inundación

冰

el hielo

一月

enero

二月

febrero

三月

marzo

四月

abril

五月

mayo

六月

junio

七月

julio

八月

agosto

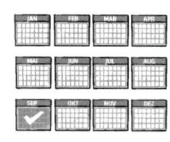

九月

septiembre

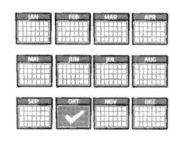

十月

octubre

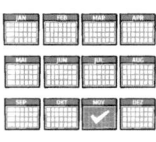

十一月

noviembre

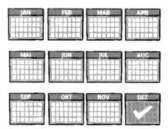

十二月

diciembre

形狀

las formas

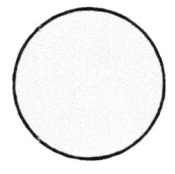

圓形

el círculo

正方形

el cuadrado

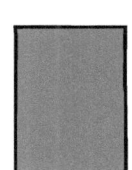

長方形

el rectángulo

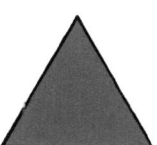

三角形

el triángulo

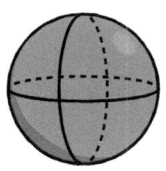

球體

la esfera

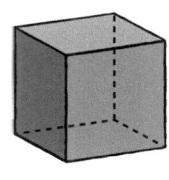

立方體

el cubo

白
....
blanco

黃
....
amarillo

橙
....
naranja

粉
....
rosa

紅
....
rojo

紫
....
morado

藍
....
azul

綠
....
verde

棕
....
marrón

灰
....
gris

黑
....
negro

很多/少許

mucho / poco

生氣/平靜

enojado / tranquilo

美/醜

bonito / feo

首/尾

principio / fin

大/小

grande / pequeño

明/暗

claro / oscuro

兄弟/姐妹

el hermano / la hermana

乾淨/骯髒

limpio / sucio

完整/缺失

completo / incompleto

白天/晚上

el día / la noche

死/生

muerto / vivo

寬/窄

ancho / angosto

可食用/非食用

comestible / no comestible

邪惡/善良

malo / amable

興奮/無聊

entusiasmado / aburrido

胖/瘦

gordo / delgado

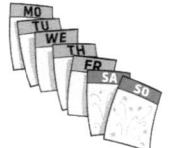

第一/最後

primero / último

朋友/敵人

el amigo / el enemigo

滿/空

lleno / vacío

硬/軟

duro / blando

重/輕

pesado / ligero

餓/渴

el hambre / la sed

生病/健康

enfermo / sano

非法/合法

ilegal / legal

聰明/愚笨

inteligente / tonto

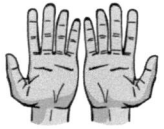

左/右

izquierda / derecha

近/遠

cerca / lejos

新/舊
nuevo / usado

沒有/有些
nada / algo

老/幼
viejo / joven

開/關
encendido / apagado

打開/闔上
abierto / cerrado

安靜/吵鬧
silencioso / ruidoso

富/窮
rico / pobre

對/錯
correcto / incorrecto

粗糙/光滑
áspero / suave

傷心/高興
triste / contento

短/長
corto / largo

慢/快
lento / rápido

濕/乾
húmedo / seco

溫暖/涼爽
caliente / frío

戰爭/和平
guerra / paz

0

零

cero

1

一

uno

2

二

dos

3

三

tres

4

四

cuatro

5

五

cinco

6

六

seis

7

七

siete

8

八

ocho

9

九

nueve

10

十

diez

11

十一

once

12

十二
doce

13

十三
trece

14

十四
catorce

15

十五
quince

16

十六
dieciséis

17

十七
diecisiete

18

十八
dieciocho

19

十九
diecinueve

20

二十
veinte

100

百
cien

1.000

千
mil

1.000.000

百萬
el millón

英語

el inglés

美式英語

el inglés americano

普通話

el chino mandarín

印地語

el hindi

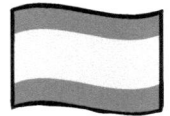

西班牙語

el español

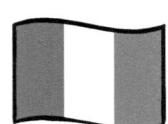

法語

el francés

阿拉伯語

el árabe

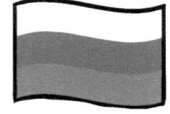

俄語

el ruso

葡萄牙語

el portugués

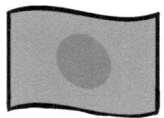

孟加拉語

el bengalí

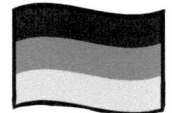

德語

el alemán

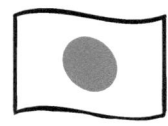

日語

el japonés

我

yo

你

tú

他/她/它

él / ella

我們

nosotros

你們

vosotros

他們

ellos

誰？

¿quién?

什麼？

¿qué?

如何？

¿cómo?

何處？

¿dónde?

何時？

¿cuándo?

名字

el nombre

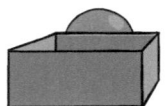

後面
detrás

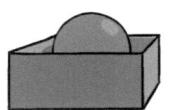

裡面
en

前面
delante de

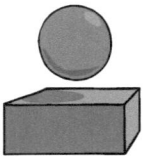

上方
por encima de

上面
sobre

下麵
debajo de

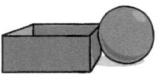

旁邊
junto a

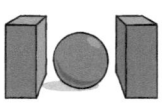

中間
entre

地點
el lugar